लफ़्ज़

जयेश बोरा

क्रम-सूची

क्रम-सूची

प्रस्तावना

ये कविताएँ महत्वपूर्ण हैं क्योंकि इनमें वे सभी भावनाएँ हैं जो मैंने स्वयं अनुभव की हैं। इन कविताओं में प्रेम, दुख, अकेलापन और सुखद यादें हैं। ये कविता आपके दिल को छू जाएगी और आपको मुस्कुरा देगी

पावती (स्वीकृति)

इस कविता पुस्तक के लिए मैं अपने परिवार को मेरा समर्थन और धारणा प्रेस और काव्य आत्मा होने के लिए मुझे यह मंच देने के लिए धन्यवाद देना चाहता हूं। मैं अपने दोस्तों और विशेष रूप से एक व्यक्ति को आस्था खंडेलवाल को भी धन्यवाद देना चाहता हूं जिन्होंने मेरा समर्थन किया और मुझे प्रोत्साहित किया।

लेखक के विषय में

जयेश बोरा यवतमाल से ताल्लुक रखते हैं और उन्होंने एमकॉम किया है और एलएलबी कर रहे हैं। वह एक आत्मनिर्भर व्यक्ति हैं, उनका अपना काम है और पेशे से लेखक हैं। उन्होंने बहुत सारी किताबें और कविताएँ लिखी हैं।

1. चेहरा

चेहरा एक नकाब हे
चेहरा एक नकाब हे
ना तुम चाहा परपोगे
ना तुम नकाब समाज पाओगे
ये वो दुनिया है जनाब
जहां इन चेहरा
के केई राज है.

2. राह

सबके जीवन की राह एक थी सबके लिए जीवन की राह एक थी। इस रास्ते में तुम भी एक नाविक हो जैसे मैं एक नाविक हूँ। रास्ता वही है तुम भी इस रास्ते में दौड़ रहे हो जैसे मैं इस रास्ते में दौड़ रहा हूँ।

जिंदगी की राह एक ही है

बात बस इतनी सी है कि किसी को अपना लक्ष्य मिल गया है और पता है कि वे किस ओर जा रहे हैं और कुछ अभी भी चकित हैं और अभी भी रास्ते में दौड़ने का अपना मकसद ढूंढ रहे हैं

जैसा कि उन्हें पता नहीं है कि वे कहाँ जा रहे हैं क्योंकि उन्हें पता नहीं है कि वे कहाँ जा रहे हैं।

3. अपने

नारजगिया अपने से होता है
गैरो से नहीं
खुशियां अपने से होता है
गैरो से नहीं
वक़्त अपने के लिए होता है
गैरो के लिए नई
अपने को गुलाब की तरह राखो
गैरो के तरह नहीं.

4. पतंग

जीवन एक पतंग है
एक पतंग की तरह महसूस करें
जितना ऊंचा आप कर सकते हैं
बिल्कुल पतंग की तरह।

5. अकेलापन

जब तुम आओगे तो तुम मुझे खोया हुआ पाओगे
अकेलापन ही मेरा साथी होगा
और किताबें वो चीज़ें होंगी
जो मेरे कमरे को सजाने के लिए इस्तेमाल की जाएंगी
और किताबें वो चीज़ें होंगी जो मेरे कमरे को सजाने के
लिए इस्तेमाल की जाएंगी

6. कुछ समय...

कुछ समय...
आप उर जीवन में बहुत से लोगों को चाहते हैं।
परंतु।
कुछ समय...
आप अकेले बैठना चाहते हैं।
Self . द्वारा किए गए कुछ बदलाव
जीवन द्वारा किए गए कुछ बदलाव।

7. तुम

तुम अंडर से क्या हो ये कोई नहीं जाना चाहता तुम भर
से क्या हो ये मैंने रखता है।
तुम क्या सोचते हैं ये कोई नई जनना चाहता है।
तुम क्या बोले हो ये मैंने रखता है।
तुम क्या देखते हो ये कोई नहीं जनना छटा।
तुम क्या दिखते हो ये मैंने रखता है।
तुम अंडर से क्या हो ये कोई नहीं जनना छटा।
तुम बहार से क्या हो ये मैंने रखता है.....
जितना बोलोगे..
उतना ही खुदको बड़ा पाओगे...

8. परिवर्तन

जीवन में परिवर्तन कोई बुरी चीज नहीं है यह आपकी
जीवन शैली को उन्नत करता है।
जीवन में बदलाव कोई बुरी चीज नहीं है यह दिखाता है
कि आपको कौन सी गलतियां हल करनी हैं।
जीवन में परिवर्तन कोई बुरी चीज नहीं है यह जीवन के
लिए एक नया रास्ता बनाने में मदद करता है।
जीवन में बदलाव कोई बुरी बात नहीं है
लेकिन आपकी खराब सोच से आपकी जिंदगी नहीं बदलनी
चाहिए।

9. अकेले

अब जो ठे पास वो हमसे दूर होगा,
सोचा था सामने है पर वो हमसे खफा होगेए
ऐसे क्या गुस्ताखी हुई हमसे की वो हमसे यू जूडा होगाए,
अकेले थे अकेले ही रहोगे।

10. तुम हो

तुम हो तो दिल्लगी है,
तुम हो तो आशिकी है,
तुम हो तो खुशी है,
तुम हो तो गम है,
तुम हो तो प्यारा समा है,
तुम हो तो सारा जहां है

11. पागल पन

उसका होना ही किस पागल पन से कम नई है
उसका मिलना कोई पागल पान से कम नई है
उसका साथ निभाना अपने आप में एक पागल पान है
उसके बचाओ जैसे हरकते पागल पान से कम नई है
उसका धुंधला नई होना भी किस पागल पान से कम नई
है।

12. कोई

कोई बात नहीं समझौता,
कोई हलत नहीं समझौता।
कोई समाधान नहीं समजता,
कोई जज्बात नहीं समझौता करने के लिए।
कोई कोरा कागज पढ़ता है, तो कोई पूरी किताब नहीं
समझौता!

13. वो

देख नया पाया उसके हुस्न को खो गया था
उसके आंखों में देख नया पाया
उसके हुस्न को गुम होगयआ था उसके मस्कुराहत में
नज़र थम गए थी उसके मासूम चाहरे में
उसके मासूम से हसे में देख नया पाया
उसके हुस्न को क्योकी आई थी वो सपनों में।

14. दोस्त

दोस्त कुछ ऐसा हो वो तुमसे दूर होके भी तुम्हारे पास हो
दोस्त कुछ ऐसा हो तुम कुछ ना कहो फिर भी हमारी बात
हो दोस्त कुछ ऐसा हो महसूस कर स्के वो एक ऐसा
अहसास हो दोस्त कुछ ऐसा हो इशारों समझ के खामोशी
में बातें हो दोस्त कुछ ऐसा हो नरजगी में भी फ़िक्र दोनो
को एक साथ हो दोस्ती कुछ ऐसी हो

15. न जाने क्यू

न जाने क्यू हरपाल याद आते हो।
इतने दूर होकर भी बेहद पास आजते हो।
न जाने क्यू हरपाल याद आते हो।
बिना तस्वीर के नज़रो के सामने आजते हो।
न जाने क्यू हरपाल याद आते हो।
बिना बात किए दिल के हलत समझ जाते हो।
युही नहीं इतने याद आते हो।

16. पराए

मिले लगे तो वो अपने से।
प्रति मन ही मन पराए होंगे बातें उनकी लगी अपनी से।
प्रति वक्त के साथ पराए होंगे।
वो ही नहीं अपने या जलदबाज़ी करदी अपना बनाने में।
जिंदगी का साथ छोड़ो वो पराए होगा।

17. दूबारा

दूबारा ....
तुम्हें देखना चाहता हूं दोबारा। वो मुस्कान देखना चाहता हूं
दोबारा।
दूबारा। तुम्हारे साथ वक्त बीता न चाहता हूं दोबारा। वो
पल जीना चाहता हूं दोबारा..
दूबारा।
तुम्हारी बातें सुन्ना चाहता हूं दोबारा।
वो आवाज सुन्ना चाहता हूं दोबारा..

18. सोचा

सोचा कुछ है सुन्ते कुछ है देखते कुछ है बोलते कुछ है
.. सारे विकेट के मौत है।
डब्ल्यूकेटी कुछ कुछ है।
या होता कुछ या हाय है।

19. तेरी खुशी से

दिन की श्रुवत तेरी हसी से।
दिन खतम तेरी खुशी से।
दिन की शुरवात तेरी बातो से दिन की खतम तेरी खुशी
से।
दिन की शुरवत तुझसे दिन खतम भी तुझपे दिन हो या
रात हर वक्त कटे तुझसे

20. कोई

कोई अपना मिलाजाना, अच्छा लगता है न?

उसे रोज़ बातें करना, अच्छा लगता है न?

उसका मुस्काना हुआ चेहरा, अच्छा लगता है न?

उस्का इंतज़ार कर्ण, अच्छा लगता है न?

उसका जिंदगी में आना, अच्छा लगता है न?

उसी हाय ज़िमदागी बनानालेना, कितना अच्छा लगता है
न ??????

21. मैं

मैं एक लोकप्रिय कुंवारा हूँ।

मैं बहुत से लोगों को जानता हूं और बहुत से लोग मुझे जानते हैं

लेकिन मेरा दायरा छोटा है और मैं आमतौर पर खुद से हूं।

22. परिंदा

परिंदा बन उडे अस्मान में
कभी अकेले,
कभी किसी के संग
चाह है चुन की असमो
मुट्ठी में करलू सारा जहां:
जिद है जनाब,
सिर्फ ख्वाइश है जहां
खुदा भी दूंगा साथो
नेकी, जिद्द और सच्चा है जहां....
उल्फत में उनके आगाज हो गई जिंदगी हमारी ..

23. कहते हैं

कहते हैं इंसान का किरदार समंदर सा होता है।
बेहता समंदर तो कफी अच्छा लगता है
लेकिन बेहते हुआ समंदर कब कयामत बंजय इस्का अंदाज
तो समंदर को भी नहीं होता है।
हमतो फिर भी इंसान है।
ना जाने कब क्या होगा।

24. आ ही गए हो

आ ही गए हो थोड़ा वकट बिटा लेना अधूरी रह गई थी जो
बातें वो पूरी कर लेना।
आ ही गए हो थोड़ा वकट बिटा लेना जो इंतजार जारी है
उस्से खतम कृलेना।
अब आ ही गए हो तो वड़े नहीं बस थोड़ा प्यार करे लेना।

25. वक्त

वक्त...!!
वक्त बदलता दौर है,
वक्त बीतता समय है,
वक्त मौन है,
वक्त एक बदलाव है,
वक्त ने भी कहदिया
ना तेरा है ना मेरा है,
कभी अच्छा तो कभी बुरा है,
वक्तबता देता है किसका कौन है,
वक्त जीवन का शाश्वत सत्य है,
चलना ही वक्त की पहचान है.....!!
चलना ही वक्त की पहचान है.....!!

26. इंसान

इंसान को लगता है मेरे होने से किससे फ़र्क पड़ेगा।

मेरी जिंदगी है मुझे क्या लेना देना।

याही माई खुदगर्ज होगया।

याही माई मतलाबी होगया।

वक्त का यूह फेर बदल हुआ, जिंदगी के हकीकत से
सामना हुआ।

मतलाबी था बोहोत लेकिन वक्त में भी दर्पण दीखडिय़ों का
इस्तेमाल करें जिंदगी में लोगो की जरुरत,

मदत की गुहार लगा मदत भी मांगी थी इंसानो से।

मगर इंसान का भी किरदार बड़ा हाय मजादार है जनाब
उसने भी केहड़िया।

कि जा जिले अपनी जिंदगी।

हम नहीं है तुझसे कुछ लेना देना।

हम नहीं है तुझसे कुछ लेना देना।

27. कहो तो

कहो तो तुम्हारे साथ चलने के लिए,
हम आपका रास्ता बदल ले!
हमें तो वैसा भी आदत थी अकेले रहने की वो तो तुम
मिले तो सोचा खुदको थोड़ा बदल ले!

28. ख्वाहिश

कोई ताज चाहता है,
कुछ प्यार की चाहत रखते हैं,
कुछ इच्छा शक्ति,
और कुछ बस सम्मान;
पर सब उस एक ख्वाहिश की ख्वाहिश रखते हैं, शांति।

29. मैंने

मेरा सफर उस जगह तक का है जहाँ तक तुम हो मेरी
आँखें उस छोर तक हैं जहाँ तक तुम हो।
मैंने अपने जीवन में हजारों फूल देखे हैं लेकिन ऐसा
खूबसूरत फूल नहीं देखा आप आपकी खुशबू उस छोर तक
है जहां तक आप हैं।

30. हसी

हसी तेरे चेहरे पर जचती है
हसी तेरे चेहरे पर जचती है
सुना वो हसी कोई लेके आया है संभल कर रखना,
कहीं खो मत देना जिसे भी लाया बड़ी मुश्किल से लाया
है।

www.ingramcontent.com/pod-product-compliance
Lightning Source LLC
Chambersburg PA
CBHW031006180726
47993CB00018B/1592